$\mathcal{L}b$ 2330.

AF384288

L.b 2330.

OBSERVATIONS

D'UN INDÉPENDANT

A UN

CONSTITUTIONNEL.

Les opinions ne sont vraiment libres que dégagées de tout intérêt personnel, aussi bien que des influences du pouvoir.

PAR LE M^quis DE BARTILLAT.

PARIS.

G.-A. DENTU, IMPRIMEUR-LIBRAIRE,
RUE D'ENFURTH, 1 *bis*;
et Palais-Royal, galerie vitrée, 13.

1835.

AVANT-PROPOS.

Les noms donnent souvent une valeur aux doctrines ; quelquefois les noms sont au contraire une prévention défavorable ; car les jugemens, rarement désintéressés, sont l'effet des circonstances.

Jadis, le nom du comte Rœderer eût été une puissance : il parle d'ordre, et c'est une opinion contestée.

Il a quatre-vingts ans, et l'expérience de quarante-cinq ans de troubles ; il a joué un rôle dans toutes les commotions politiques ; il a fait partie de toutes les formes successives de gouvernement ou d'anarchie ; il a écrit avec conviction, en *modifiant* sa pensée ; et telle est la folie du moment, que les deux opinions (légitimiste ou républicaine) regardent sa république mi-partie royale, comme le despotisme de Maroc ou de Mehemet-Ali.

Le comte Rœderer a partagé les erreurs de la révolution ; il les a lavées dans la gloire de l'empire. Ses travaux politiques lui ont appris le mécanisme des sociétés. Il voudrait y revenir ; mais il oublie que son pouvoir doit accepter les conditions de son origine et de ses principes.

S'il veut en sortir, son rajeunissement doit être comme celui d'*Eson* : il faut qu'il se mutile, s'épure et se métamorphose. Où est sa Médée ?

La restauration a jeté le pouvoir par les fenêtres. Au lieu de sentimens élevés, d'esprit d'ordre, son ministre *modèle* a remplacé le vœu de Louis XIII par la consécration de la France à la cupidité et à l'usure. Des intérêts vulgaires ont étouffé la dignité nationale. Parlez donc gloire à des ministres qui ne veulent que mettre le pouvoir en boutique !

La richesse fictive ou réelle a éveillé les vanités, les ambitions : chacun a voulu *paraître sans être*, comme un des chapitres du baron de Fœneste.

Les passions se sont déchaînées, les avenirs se sont déclassés. L'empereur avait fondé la liberté et l'égalité, organisées. On a pris la licence pour un des sous-entendus de la Charte. La confusion des pouvoirs a produit les résistances fantasques. Depuis le sceptre jusqu'à la pique du garde champêtre, tous les emplois sont devenus une curée ; et il est vraisemblable que la dictature a autant de compétiteurs *in petto*, que la hallebarde du suisse de la paroisse.

La révolution de juillet a encouragé ces fautes, puis elle en a profité. Elle a fait faillite à son programme ; mais elle a été contrainte d'en conserver assez pour essayer un équilibre impossible, en cherchant inutilement une base plus solide.

Maintenant on fait un appel à l'expérience. On vous répond : C'est du radotage. On a tué le moral de l'autorité, on l'a désarmée. On a fait du galvanisme pendant cinq ans, mais ce n'est pas une résurrection.

On creuse les articles de Charte pour trouver la cause et le remède au mal présent. Les lois, les interprétations vous manquent-elles? le vainqueur ouvre le livre des quarante mille sottises constitutionnelles, à la page qui lui convient; il y trouve son droit; vaincu le lendemain, son successeur n'a besoin que de changer le sinet de place.

Tout ce qui est loi, Charte, ou quelque nom qu'il vous plaise de donner, il n'y a que des lois, des Chartes traditionnelles. Seules elles sont l'expression de la volonté et des nécessités sociales, elles s'amendent successivement par des circonstances, non par des idées nouvelles (il n'y en a plus); autrement, c'est le désordre de l'esprit et de la législation.

Avant de discuter les articles de la Charte ou des Chartes, il semble qu'il eût fallu résoudre le problême de la situation sociale. Si le danger est là, un commentaire de plus devient inutile. Montesquieu a dit : « Ce n'est pas les bonnes lois, ce sont les bonnes mœurs. »

La désorganisation sociale épouvante plus les gens prévoyans que la disposition des esprits. Il y a dans toutes les têtes un retour vers l'ordre; mais il faut que le pouvoir ait une volonté qui aide et entraîne le mouvement général; si on le laisse à lui-même, il sera faussé dans sa direction, et n'atteindra pas son but.

Mais l'obstacle principal à franchir, c'est de sortir de l'origine la plus contraire au résultat que l'on poursuit. Il faut d'abord le silence de ceux qui vous opposent vos contradictions; puis il faut vouloir décidément, savoir et exécuter.

Le grand électeur de M. Syeyès était un roi soliveau. Napoléon avait trop de perspicacité pour tomber dans le guet-apens de cet abbé. Par la puissance de sa volonté, il se fit consul, empereur et roi, pour la gloire de la France et la régénération de la société.

Depuis vingt ans la faiblesse et l'ignorance politiques des gouvernans ont remis la société un peu plus bas que ne l'avait laissée le Directoire. Les liens sociaux ainsi brisés par l'incurie du pouvoir, s'il existe une volonté aussi trempée, une sagacité aussi remarquable que celle de l'empereur, celui qui les possède peut en réclamer la succession. Qu'il ose, il réussira! Mais s'il n'est qu'un homme fin et délié, voulant tout arracher par la ruse, il se perdra dans son propre labyrinthe. Les forces de chaque époque sont toujours en raison des résistances. Mais la timidité de l'intrigue établit l'égalité entre les partis, qui ne connaissent que cette arme dangereuse et peu honorable.

Les opinions ne sont vraiment libres que
dégagées de tout intérêt personnel,
aussi bien que des influences du pouvoir.

On marche vite, monsieur le comte ; on descend ; quelques faux pas de plus, on sera précipité.

On n'a constitué aucune forme de gouvernement, on exerce et on subit une anarchie démocratique qui n'est ni le despotisme, ni la monarchie tempérée, ni la république. Il y a des réminiscences des trois. On est comme cet homme tombant du troisième étage, et qui disait en passant aux gens du premier : « Bon, pourvu que cela dure. »

On vit au jour le jour ; une subtilité voile une faute ; un sophisme ou un désaveu répond à une attaque ; on est fort quand une crainte vient servir d'auxiliaire, et, sauvé par la peur, on s'endort confiant, incertain, engourdi, tandis que les fautes et les tromperies s'enregistrent.

Une coterie de francs-maçons politiques exploite le royaume ; elle a accaparé les places, les nouvelles ; elle fait le monopole des profits réguliers et irréguliers ; la puissance pour elle, ce n'est ni l'honneur ni la gloire : c'est le coffre fort !

Un roi, un ministère, des Chambres, voilà, dit-on, un gouvernement représentatif ; oui, comme un fauteuil de velours et son dais sont un trône !

Une fraction de Chambre a pu défaire un roi irresponsable, en jugeant ses ministres responsables ; anomalie ! cette Chambre a pu détruire la constitution de l'autre Chambre, changer le principe et les attributions de la royauté.

Cette Chambre s'est sous-entendue un article 14, en le contestant écrit, et sanctionné par les trois pouvoirs.

Et c'est au nom de la Charte, qu'un seul pouvoir s'est attribué les droits de trois pouvoirs voulus.

C'est la guerre civile sourde, clandestine, entre les trois élémens de l'autorité ; car si, par le droit naturel, tout être tend à se conserver et à recouvrer ce qu'il perd, cet instinct individuel est bien plus caractérisé dans les corporations, dont la tendance est toujours l'envahissement.

Tout *va,* tout *marche,* rien d'extérieur ne semble *troubler la tranquillité apparente.* Mais la terre se fend sous l'agitation des haines, des espérances trompées, des ambitions actives ; le point noir est au loin à l'horizon, il attend les nuages pour produire la tempête.

Sans doute, monsieur le comte, il faut en France que le roi gouverne, mais il faut aussi que les provinces s'administrent. C'est dans la haute direction intéressée et désintéressée de la royauté, que gissent l'ordre et une confiance mutuelle. Mais il importe non seulement de ne pas contester au souverain, mais de lui faciliter les moyens de gouvernement.

On brisera donc sur les intrigues du der-
nier ministère, qui n'a marqué son passage
aux affaires que par la honte et le désordre
pour le pays. Ces noms flétris ont reçu une
épithète ineffaçable de mépris !

Mais deux mots sur les Chartes.

L'Angleterre meurt sous la sienne : le talent de son ministère prolongera-t-il son
agonie ? c'est un doute ; l'esprit de faction
s'est emparé de la légalité pour un boulever-
sement : arme terrible, qui aveugle les peu-
ples ; et selon l'expression récente et vigou-
reuse du *Times :* « Il voit la victoire du jour,
sans prévoir les calamités du lendemain. »

L'Amérique commence une lutte de sépa-
ration entre les états qui composent l'union.
Le jour de la division, la guerre ! puis, la
monarchie militaire deviendra le système de
cette partie du monde.

En France, on a essayé de tout depuis
quarante-cinq ans : république, despotisme,
monarchie constitutionnelle ; mais partout
les haillons les plus repoussans sont les ré-
sidus des Chartes. Elles ne produisent que
des troubles, des émeutes, des violences et
des révolutions. Aucune carrière n'est assu-
rée, nulle existence n'est fixe, chacun a

voulu son tour de pouvoir. Banque de 31, où tout l'argent reste aux cartes.

Cette multiplicité de tentatives constitutionnelles a prouvé que les gouvernemens représentatifs ne sont autre chose qu'une déception, le règne de l'intrigue et de la corruption, enfin le calendrier perpétuel du désordre.

Après les folles théories, sera-ce le tour de l'expérience? on en examinera la possibilité à la fin de cette lettre.

Passons à vos corollaires.

1° Texte de la Charte en ce qui peut être applicable à un conseil de cabinet.

Mais si la personne du roi est inviolable, comment a-t-on chassé le même jour trois générations de rois?

Puisqu'on en a chassé trois, dont une dans l'âge de l'innocence, pourquoi n'en chassera-t-on pas une de plus, selon le caprice de quarante factieux?

Les garanties de la Charte de 1830 sont moins fortes pour la royauté que celles de 1814. Excellent palladium pour le souverain nouveau!

Vous avez raison en droit, monsieur le comte, mais les faits vous condamnent.

2° *Esprit de la Charte.*

Le texte de la Charte a été violé dans son expression la plus claire et la moins interprétative, et on pourrait croire ou se soumettre à ses sous-entendus! Dans les temps d'orages, la raison humaine ne compte guère que pour *mémoire;* la vérité même devient conventionnelle; il n'y a donc de vrai que le caractère et l'habileté.

Qu'on résume l'*esprit* de la Charte, cette incohérente trinité d'impossibles. Un roi qui règne et ne gouverne pas; une pairie mutilée et sans indépendance, qui est un jour cour de judicature, et communément cour d'enregistrement; serviteur de l'Evangile, répétant ce qu'on lui dicte, faisant ce qu'on lui commande, se suicidant par injonction. Cela peut être une institution fort chrétienne; mais, certes, elle n'est pas politique. Une Chambre des députés qui envahit tous les pouvoirs : initiative, fabrication de lois, pouvoir exécutif, en cas de fureur ou de violence, état fréquent de cet amas d'inintelligences.

S'il y a un *esprit* dans cette Charte, on peut demander où en est le bon sens, et comment on peut faire un pouvoir quelconque avec de pareils élémens.

Le comte Rœderer aurait complètement raison dans les conséquences du deuxième corollaire, s'il n'en faussait pas le principe ; puis il nous offre des têtes de ministres en otage. On parvint à les préserver de l'effervescence populaire ; on n'en couperait pas à froid. On demande maintenant la bourse ou la place ; il n'est plus d'usage, même sur la grande route, d'ajouter *ou la vie.*

3° *Application de la Charte aux opinions répandues sur le conseil de cabinet et sa présidence.*

La raison indique qu'un conseil de ministres renferme rarement plus d'un homme d'Etat, s'il s'y trouve : heureux quand les autres sont d'utiles spécialités ! Le cabinet doit donc suivre le plan, la direction du plus habile ; car la marche supérieure de chaque département doit concorder avec le système général adopté. C'est donc à l'homme d'Etat d'imprimer ce mouvement ; et voilà

ce qui motive une présidence du conseil.
Quand le roi peut gouverner par ses propres lumières, toute autre présidence ne doit être qu'accidentelle; et encore les talens de Sully parurent indispensables à l'habileté d'Henri IV.

Etre d'accord sur ce point avec M. le comte Rœderer, n'est qu'une opinion personnelle de plus ; car le silence de la Charte est un fait dont l'interprétation appartient au plus fort.

4° *Application de la Charte à la doctrine qui concerne le conseil du cabinet.*

Il est clair, après tout ce qui précède, que le roi a le droit de choisir ses ministres, de s'en passer à son gré pour les négociations et pour la guerre, puisqu'il fait les traités et commande les armées. Mais comme un traité peut entraîner des subsides, et qu'il faut payer l'armée sur le pied de guerre, le roi ne traite ou ne commande que sous le bon plaisir des voteurs d'impôts; en sorte que ce sont deux prérogatives purement honorifiques. La Chambre prétend rendre le ministère responsable de la paix ou de la guerre, en dépit de la faculté royale ; elle se croit autorisée à refuser les subsides : or, comme la véritable puissance est entre les mains de celui qui dispose du trésor, le souverain est dans une tutelle permanente ; car un traité rompu entraîne une guerre, la guerre, des désastres. C'est l'obstination de la Chambre qui a produit ces évènemens, rarement motivés : la royauté en devient alors garante et victime ; témoin Charles Ier !

Quelles entraves à la nomination des ministres ! Une Chambre se passionne pour quelques médiocres harangues de parleurs d'ailleurs incapables, voilà les hommes désignés à la royauté ! Une coterie dangereuse s'unit et s'impose, et il faut que l'autorité l'accepte ! Au bout de trois mois, les mêmes causes amènent les mêmes effets ; le pays a des lacunes de gouvernement. Que deviennent le pouvoir et sa considération ? Où se trouve le droit réel de choisir ?

Ce n'est donc ni dans la Charte ni dans la logique qu'il faut rechercher des secours contre le vice de la position ; c'est un mal profond, invétéré, que la légalité ne peut guérir.

Le pouvoir n'a plus à sa disposition la

force morale, et ne peut s'en faire une que par le bon emploi de la force matérielle; l'autorité, en subissant le compagnonage de la rue, a perdu tout prestige.

Le jour où, chez nos voisins d'outre-mer, la baguette brisée du schériff cessera d'être une superstition, adieu l'Angleterre !

5° *Si le ministère, collectivement, doit avoir son système. Ce qu'il faut entendre par système du gouvernement.*

Sans doute le système politique devrait toujours partir du roi; voilà le principe des systèmes autrichien et prussien, etc. : les ministres de ces Etats sont, pour ainsi dire, inamovibles ; leurs successeurs sont presque toujours pris dans les hommes de la même école. Il y a donc fixité et persévérance dans les plans; personne n'est inquiet de son avenir et ne craint des changemens qui contrarieraient sa prévoyance.

Depuis 1830, il y a eu cinquante-un ministres en huit ministères; par conséquent, huit variantes ou dissemblances de systèmes, si toutefois il y a eu systèmes : ensuite, il faut compter huit nuances au moins d'intrigues et d'oppositions intestines dans le cabinet.

Le gouvernement n'a rien gagné en stabilité depuis sa naissance; il a détruit quelques frêles appuis, et n'a rien recréé à son profit. En politique, ne pas gagner, c'est perdre.

Le droit de choisir ses ministres n'est donc rien pour le souverain, s'il ne peut les garder; s'il a tellement rétréci le cercle de ses affidés, que la matière lui manque; si enfin une Chambre brutale et ignorante peut lui imposer des hommes à son image.

6° Si les ministres ont le droit de requérir ou provoquer sur leurs systèmes l'opinion de la majorité de la Chambre des députés, au moment où elle vient d'être renouvelée par l'élection.

C'est précisément la querelle des ministres sortans avec le cabinet Polignac, qui a fait naître le conflit entre la royauté et les Chambres: la royauté succomba. Sans doute cette pensée frappe et préoccupe M. le comte Rœderer; mais dans cette espèce de lutte, il est impossible que les partis ne mettent pas le souverain en scène. Vainqueur, il est forcé de prendre le pouvoir absolu pour sa défense; vaincu, il tombe. Pourquoi?

L'appel au pays est une fiction dans une fiction. Une opposition légale une fois compacte et bien constituée, devient bientôt opposition systématique. Quelques meneurs, bavards et intrigans, séduisent la multitude; ils sautent, elle saute après; vrais moutons de Panurge, dont l'instinct mécanique est dans les quatre membres, et rien dans la tête.

M. le comte Rœderer juge à merveille cette question; mais qu'il trouve dans les Chartes le remède à ces accidens-là.

7° *De l'objection que font les ministres.*

M. le comte Rœderer veut que l'on conquère la majorité; ce qu'il traduit lui-même par qu'on l'achète : mais si elle a instantanément un plus grand intérêt que de se vendre?... Ces chances se rencontrent!... La conquête de la majorité existait jadis en Angleterre par le poids perpétué d'antiques influences, par l'importance du patronage, enfin par l'attachement du royaume à sa Constitution.

Les influences, plus réparties, se sont dé-
classées ; les opinions mêmes d'une partie
de l'aristocratie sont en opposition avec son
intérêt naturel, son existence et ses devoirs;
la Constitution est altérée ; l'heure de la dé-
cadence semble sonnée.

En France, il n'y a plus d'homme consi-
dérable, et il y a peu d'hommes considérés ;
les influences sont détruites ; il existe des
coteries plus ou moins actives, travaillant
pour elles, et juste pour le petit nombre
d'amis nécessaires ; les Chartes sont des pré-
textes, et non des affections ; on ne s'attache
pas aux choses transitoires. Combien de
cris : *vive la Charte!* de 1814 ; combien *vive la
Charte!* de 1830. Quand on crie pour tant de
monde, on ne crie vraiment pour personne.

Des députés constituans, à leur début lé-
gislatif, sans mandats, sans cahiers, sans
discussions provinciales des intentions de
leurs commettans! *Risum teneatis, amici.*
Aussi, prenez vos députés parmi la plus fu-
rieuse aristocratie, ou parmi les plus fou-
gueux prolétaires; faites-en des constituans :
on peut vous garantir les plus glorieuses des
glorieuses dans un temps donné.

M. le comte Rœderer demande des députés qui soient *eux-mêmes*. Beaucoup pensent qu'il n'y a, depuis long-temps, rien à désirer sur ce point.

Qui ne sait l'histoire de ce contrôleur-général ! Le roi, las de son *far niente*, lui fait redemander le portefeuille ; il le remet. « Le roi a tort ; je venais de faire mes affai- « res, j'allais commencer les siennes. »

Ce cynisme, alors exceptionnel, est devenu la pensée universelle.

8° *De la présidence indépendante.*

La réponse au corollaire *trois* répond également à celui-ci, sur la présidence du conseil.

9° *Exemple de l'Angleterre.*

Lord Brougham a la considération d'un factieux, spirituel, mordant, sans tenue et souvent sans convenances. Il est d'ailleurs sans principes. Il a intrigué pour entrer, au rabais, dans la nouvelle administration. L'ambition d'*être* à tout prix le possède. C'est un exemple, ce n'est pas un précepte.

Quant à l'Angleterre, modèle constitutionnel, ses dangers présens répondent suffisamment aux amateurs de Chartes.

10° *Circonstances particulières à Louis-
Philippe.*

Les hommes ne manquent pas en France ;
M. le comte Rœderer sait que l'empereur
les devinait ; mais ils s'absorbent quand ils
ne voient pas un système raisonnable, suivi,
et une volonté ferme. Ils ne veulent pas se
perdre dans des abstractions ou des incon-
séquences. Dans un gouvernement d'intrigues, les intrigans seuls sont en crédit ; le
moi de l'intérêt remplace le *moi* de gloire,
d'honneur et de patrie de Louis XIV et de
Napoléon.

Sans doute, monsieur le comte, les con-
quérans périssent quelquefois par les armes :
n'est-ce pas un jeu de hasard ?

Mais les rois faibles sont toujours renver-
sés par leur faiblesse ; car la hardiesse et le
courage sont un jeu de combinaison, et l'i-
nertie est sans calcul. On voit Louis XVI,
Charles X ainsi tombés!... non sous la volonté nationale, mais par une fraction de
Chambre. On ennivre cette nation brave,
spirituelle, inconstante ; on lui fait faire et
défaire ; elle agit et se repent ; elle est vic-
torieuse et fière, on tremble. Peuple de

contrastes, qui ne demande qu'à être sage-
ment et fortement gouverné pour être un
modèle d'honneur et de fidélité.

11° *Que le roi a le plus grand intérêt à suivre
la marche des ministres dans un grand nombre de détails de leur administration.*

Certes, la dispensation des places est un
auxiliaire indispensable à la royauté ; il faut
qu'elle trouve sa clientelle dans ceux qu'elle
emploie, dans ceux qui espèrent : mais c'est
au souverain à déterminer la règle des titres
qui accréditent le postulant; et la marche
du gouvernement fixe seule la nature des
droits et l'espèce des capacités.

12° et 13°. *Succès obtenus par le roi en personne. Vœu de Paris.*

Ces deux chapitres de courtisan sont un
élan de sentimens. De longues et intimes re-
lations peuvent les rendre naturels ; mais
en politique comme en affaires, les amitiés
ou les aversions doivent toujours être en *à
parte.* On disait à Crésus que nul homme
ne pouvait être qualifié heureux avant l'heure
de sa mort. L'habileté n'est pas de végéter,
mais de s'affermir ; et jusque-là, il est per-

mis à l'admiration de rester en expectative.

14° *Intitulé* : CONCLUSION.

Cette conclusion est une application très-agréable des synonymes; elle eût fait envie à l'abbé Gérard et enchanté le grammairien Dumarsais; mais ce jeu d'esprit ne conclut pas plus que l'idylle qui le termine.

Les vertus sont bonnes en elles-mêmes, utiles personnellement à ceux qui en ont l'heureuse pratique; mais elles n'ont pu servir d'égide à Louis XVI. La vie régulière de Charles X a fourni plutôt un moyen de le calomnier, qu'une sauve-garde. On lui a reproché jusqu'à l'exercice innocent de la chasse, comme si la marche était un obstacle à la pensée. La Fontaine composait ses fables en se promenant, et puis il les écrivait; Démosthènes s'inspirait de ses harangues en allant les prononcer au tumulte des flots.

Le bonheur d'abord, ensuite le talent !... voilà le principe vital de tous les pouvoirs; mais la fortune est inconstante, et le talent est toujours relatif.

La conclusion est donc une question trop

timidement abordée, indiquée dans le titre sans être débattue.

Nous serons plus hardi dans la brièveté de la nôtre.

CONCLUSION.

Napoléon fut le restaurateur de la société française. Plus grand administrateur encore que grand capitaine, il rétablit et redota la religion; il recréa une magistrature éclairée, intègre et indépendante. Les finances furent administrées avec ordre et économie. Avec une grande magnificence, sa dépense impériale dut sa modicité à la probité qui la dirigeait. Sa surveillance se portait sur les petits comme sur les grands détails de la gestion publique. La liberté fut immense pour ceux qui ne s'immisçaient pas aux affaires politiques, et le mérite égalisait tous les droits de parvenir.

Ce grand homme avait donc bien compris son siècle; il avait donné la liberté possible et raisonnable. Qui furent persécutés? beaucoup qui même alors reconnurent sa supériorité. Il admit le principe fondamental de la monarchie, l'égalité devant la loi et l'égalité par l'intelligence; et il n'eût pas compris la possibilité de la doctrine contraire, par laquelle on veut subjuguer le pays.

La restauration trouvait un système tout fait, éprouvé ; elle devait se fondre dans des institutions dont on était en général satisfait, et dont la paix eût modifié quelques conditions. Au lieu d'avoir cette prudence, on fit la Charte, cordon élastique avec lequel le plus fort devait étrangler le plus faible. Toutefois, on vécut des souvenirs et de quelques débris des institutions impériales. Quand on les eut dévorés, vint la catastrophe : elle était écrite dans cette brusque transition de la puissance armée à la faiblesse se désarmant elle - même. La monarchie aux institutions républicaines aura son tour, après avoir usé tous les appuis des opinions qui l'ont élevée.

On dit que les nations ne meurent pas, c'est faux ; elles se décomposent. Alors, elles restent à la merci des évènemens. Tourmentées par l'excès d'un mal interne, elles s'obstinent à en méconnaître les causes ; elles s'irritent contre qui les leur indique ; et cette irritation finit par les livrer à la merci d'une crise intérieure ou d'une guerre étrangère : elles ne marchent plus que de crises en crises, jusqu'à la violente agonie, qui produit la dislocation du pays.

Tout gouvernement mou, abâtardi, ne pouvant être puissant au-dehors, puisqu'il est sans vigueur au-dedans, périra donc par une révolution intérieure ou par une guerre étrangère; il faut qu'il se brise contre un de ces deux écueils.

La république est établie de fait en France, mais tronquée dans son principe, qui est la rigidité, le désintéressement et la gloire. La royauté n'est qu'une présidence fardée d'un titre, et trop payée pour son inutile représentation (1).

C'est donc une erreur de croire à la durée possible d'un ordre de choses *métis*, n'appartenant à aucun principe, à aucun ensemble régulier; qui ne se soutient que par des toniques qui le tuent, et qui se meurt quand il ne vit que de son régime.

La situation actuelle est tellement intenable, qu'il faudra incessamment opter entre la

---

(1) M. Rœderer n'a pas complété la réponse du premier consul, à l'abbé Syeyès. Elle se terminait par ces mots : « Je ne veux pas être un cochon à l'engrais de quelques millions par an. » Le premier consul savait déjà qu'un prince abdique en consentant à régner sans gouverner.

république ou la monarchie absolue ; et, chose bizarre ! les conditions de stabilité seront à peu près les mêmes pour chacune, aux hommes près ; et encore la république, moins exclusive que ceci, ne repoussait-elle aucun talent. N'a-t-elle pas commencé la carrière et la réputation de M. le prince de Talleyrand ?

Depuis cinq ans, le monopole de l'incapacité renferme la France administrative, non dans une aristocratie bourgeoise, comme on le dit, mais dans une société de Grecs, filant la carte administrative, politique et financière, trompant tout le monde en riant des dupes, et montrant une impudence qui donne à penser qu'ils croient la fraude éternelle : la vérité même n'a pas le privilége d'être toujours écoutée.

La France s'ennuie de subir de tels hommes, et de partager en apparence toutes les hontes dont ils la couvrent.

Ce qu'il y a d'étrange, c'est que la royauté est contrainte de les supporter en dépit de sa volonté.

Il n'y a donc que le pouvoir discrétionnaire qui puisse reclasser les élémens dispersés de l'ordre et du pouvoir. La coterie doctrinaire en est l'implacable ennemie. Ce sont les jésuites de la philosophie. L'anéantissement de cette secte est le premier pas vers la morale et la régularité.

Mais après avoir délivré la France de ces êtres malfaisans, on ne constituera un pouvoir qu'en décentralisant l'administration. Il faut rejeter l'activité embarrassante des intrigans et des ambitieux dans des provinces plus vastes que nos départemens, ayant des nuances législatives et administratives en rapport avec leur situation, leur climat, etc. C'est cette organisation qui a manqué aux Constitutions de l'empire. En agglomérant toutes les décisions, toutes les distributions de places, on a encombré le pouvoir de toutes les prétentions et des intrigues qu'il fallait disperser. De nouvelles divisions par gouvernemens militaires, par exemple, eussent rendu l'administration royale plus économique, presque sans dépense pour ce qui eût été administration locale et provinciale. On eût pu diminuer le nombre des tribunaux; enfin, on simplifiait tous les rouages de la bureaucratie, qui trop souvent décide au lieu d'exécuter.

C'est un danger, dit-on, que les provinces

s'administrent ; elles deviendront fédérales. Non, car leurs intérêts seront distincts. La suprématie politique et administrative restant seule, centrale, l'habileté du souverain, roi ou dictateur, saura assez diviser pour n'avoir jamais que des craintes partielles, et trouvera plus d'auxiliaires fidèles qu'il ne lui faut pour réprimer des tentatives locales et difficiles à concerter.

La révolution, par ces divisions égales et le niveau départemental, a réduit la force ou la résistance à un *oui* ou un *non*. Jadis un souverain forcé d'abandonner sa résidence, avait à choisir parmi les lieux de retraite ou de secours; aujourd'hui une émeute maîtresse des télégraphes, la malle-poste avec une ou plusieurs des couleurs de l'arc-en-ciel, fait une révolution en trois jours; et le monarque n'a plus qu'à demander sa feuille de route.

Quel que soit donc le système qui prévaudra, république ou monarchie, il devra s'appuyer sur la propriété, seule prépondérance salutaire, et qui faisait dire à l'empereur : « Elle ne veut pas que le sol tremble! »

Le dictateur ou le roi sera nécessairement guerrier, car nulle forme de gouvernement ne se soutient sans guerres périodiques, sans le succès des combats.

Le dictateur ou le roi ne peut affermir son autorité au dedans, qu'en comblant son armée, se l'attachant par des bienfaits, par la récompense des services; il sera puissant au dehors, alors qu'il ne craindra rien à l'intérieur; il pourra imposer silence sur les opérations militaires et diplomatiques, car le secret est un des principaux mobiles de toute réussite; la discipline de l'armée doit aussi servir de précepte et d'exemple à la régularité civile. Et le jour où l'armée devinera le restaurateur de la société, elle lui adressera le *Te salutant imperatorem* des anciens.

C'est toujours un dénouement militaire que l'anarchie prépare aux gouvernemens qui la souffrent ou la perpétuent. Il faut donc que l'autorité fasse ou subisse ce mouvement, et ce genre de réaction est celui qui est accompagné de moins, même de peu de calamités publiques et d'infortunes particulières. Prévoir cet avenir naturel, c'est faire réfléchir le pouvoir; il ne doit pas ignorer que la raison publique accepte ce qui profite à la société, mais qu'il ne faut

jamais en appeler aux masses avant l'évène-
ment; il est dans leur nature de ne le com-
prendre qu'après.

L'Europe voudrait une solution à son état
incertain. Malade de peur plus encore que
de mal, amolie par vingt ans d'oisiveté, c'est
le courage qui manque à la force. Maintenant les rois sont devenus tellement passifs
qu'ils se résignent à attendre la mort dans
leur lit plutôt que de courir aucun hasard
de salut et d'en supporter les fatigues et les
soucis. Aucun scuverain n'ose donc attaquer
une question de manière à conclure ; elles
s'accumulent et deviennent insolubles, et
le triomphe attend le premier qui se mon-
trera habilement audacieux.

En résumé, un pouvoir décomposé ne
peut détruire la licence ; il faut donc refaire
du pouvoir pour fonder une sage liberté.
M. Casimir Périer a dit en ne le croyant pas
lui-même, qu'il voulait faire *du pouvoir par
la liberté :* c'était un quolibet de circonstance.
Il avait trop d'expérience pour ne pas savoir
que la liberté moderne ne cherche pas à
faire du pouvoir, mais bien à le détruire.

Dans cette réponse, on n'a entendu attaquer aucun parti, se livrer à aucune personnalité; on a seulement signalé cette coterie doctrinaire si réprouvée de la France entière; de cette France qu'elle désole et qu'elle humilie depuis tant d'années par sa mediocrité, son ambition et sa cupidité. Ce sont des vérités palpables observées par un patriotisme indépendant; aussi n'a-t-on pas hésité à avouer des principes qu'on croit être les seuls susceptibles de rétablir l'ordre et de consolider une durable prospérité dans le royaume.

3 mars 1835.

IMPRIMERIE-LIBRAIRIE DE G.-A DENTU,
rue d'Erfurth, n° 1 bis.

www.ingramcontent.com/pod-product-compliance
Ingram Content Group UK Ltd.
Pitfield, Milton Keynes, MK11 3LW, UK
UKHW021159140726
13695UKWH00005B/2225